古 代 文 明
公元前4500年—公元前500年

全球视角/纵观时间/极简通史

无处不在的历史

[英]亚历克斯·伍尔夫 著
[巴西]维克托·博伊伦 绘
徐赟倩 译

湖南少年儿童出版社　小博集

著作权合同登记号：图字 18-2020-030

PARALLEL HISTORY SERIES : THE ANCIENT WORLD
Written by Alex Woolf
Artwork by Victor Beuren
First published in Great Britain in 2017 by The Watts Publishing Group
An imprint of Hachette Children's Group
Part of The Watts Publishing Group
Carmelite House
50 Victoria Embankment
London EC4Y 0DZ
Copyright ©The Watts Publishing Group,2017
All rights reserved.

This edition first published in China in 2020 by China South Booky Culture Media Co LTD, Beijing
Chinese edition © 2020 China South Booky Culture Media Co., Ltd.

©中南博集天卷文化传媒有限公司。本书版权受法律保护。未经权利人许可，任何人不得以任何方式使用本书包括正文、插图、封面、版式等任何部分内容，违者将受到法律制裁。

图书在版编目（CIP）数据

无处不在的历史．古代文明：公元前 4500 年－公元前 500 年／（英）亚历克斯·伍尔夫著；（巴西）维克托·博伊伦绘；徐赟倩译．－－长沙：湖南少年儿童出版社，2020.10（2021.5 重印）
ISBN 978-7-5562-5431-6

Ⅰ．①无… Ⅱ．①亚… ②维… ③徐… Ⅲ．①世界史－古代史－儿童读物 Ⅳ．① K109

中国版本图书馆 CIP 数据核字（2020）第 191020 号

WUCHUBUZAI DE LISHI · GUDAI WENMING: GONGYUANQIAN 4500 NIAN—GONGYUANQIAN 500 NIAN
无处不在的历史·古代文明：公元前 4500 年—公元前 500 年
[英] 亚历克斯·伍尔夫 著　　[巴西] 维克托·博伊伦 绘　　徐赟倩 译

责任编辑：周 凌 李 炜	策划出品： 小博集
策划编辑：何 淼	特约编辑：张丽霞
营销编辑：付 佳 余孟玲	版权支持：辛 艳 张雪珂
封面设计：马俊嬴	版式排版：马俊嬴

出版人：胡 坚
出　　版：湖南少年儿童出版社
地　　址：湖南省长沙市晚报大道 89 号　　　邮　编：410016
电　　话：0731-82196340（销售部）　　　　0731-82194891（总编室）
传　　真：0731-82199308（销售部）　　　　0731-82196330（综合管理部）
常年法律顾问：湖南崇民律师事务所 柳成柱律师
经　　销：新华书店
开　　本：787 mm × 1092 mm　1/16　　　　印　张：2
版　　次：2020 年 10 月第 1 版　　　　　　印　次：2021 年 5 月第 2 次印刷
书　　号：ISBN 978-7-5562-5431-6　　　　定　价：150.00 元（全 6 册）

若有质量问题，请致电质量监督电话：010-59096394　　团购电话：010-59320018

目 录

- 引言……………………………………4
- 政府与政治……………………………6
- 食品与农业……………………………8
- 建筑……………………………………10
- 战争与冲突……………………………12
- 科学与技术……………………………14
- 交通……………………………………16
- 文学与艺术……………………………18
- 儿童与教育……………………………20
- 犯罪与刑罚……………………………22
- 休闲与娱乐……………………………24
- 宗教……………………………………26
- 死亡与丧葬……………………………28
- 术语索引………………………………30

引言

我们现在所称的古代文明始于文明诞生之时。在此之前，人类生活在简单的农业社区或游牧部落中。从大约公元前 4500 年起，人们开始建立起由国王统治的早期的城市。在这些城市里，法律的颁布和货币的使用，使得贸易得以繁荣，最早的文字体系也逐渐发展起来了。这就是人类历史的开始。古代文明时代一直延续到大约公元前 500 年，随着古典时代的到来，古代文明时代结束。

美索不达米亚人建造了巨大的阶梯式塔庙，称为吉库拉塔。

文明的起源

文明最早诞生于美索不达米亚平原，也就是现在伊拉克的所在地。在这片由底格里斯河和幼发拉底河冲积而成的肥沃的平原上，农民能够生产出超过其日常所需的农作物并加以出售。这样，一部分农业人口得以解放，去从事其他行业，他们变成了士兵、商人或者祭司，而统治者则下令修建了道路、运河、寺庙和宫殿。

文明的传播

在世界上其他土地肥沃的地方，当农民能够生产出富余的农作物时，文明也就随之出现了。约从公元前 3500 年开始，古埃及的尼罗河流域开始由国王统治。公元前 2200 年，印度河流域的西北部开始出现城镇。公元前 2000 年前后，地中海的克里特岛和中国建立了王国。

现知最早的文字出土于美索不达米亚的乌鲁克城，大约出现在公元前 40 世纪后期。现在，学者们称这种文字为楔形文字。

印度河流域的人们修建的城市，设计精巧，有独立的供水系统和卫生系统。

文字

随着文明的发展日益复杂，行政人员和商人所需要的信息再也无法单靠头脑来储存和记忆，文字体系也就应运而生。最早的文字是以图画的形式来呈现物体或表达思想。后来，一些文明发展出用符号来代表文字，进而代表语音——最早的字母表出现了。

战争

文明诞生之前，原始部落之间经常为了争夺土地和财产而相互争斗。随着早期城市的建立，现代意义上的战争才真正开始。城市加强防御，用于抵抗敌人的进攻；各邦建立军队，用于对外作战。

法老拉姆西斯二世于公元前 1279 年—公元前 1213 年统治埃及，这幅壁画展示了他与努比亚人战斗的情景。

政府与政治

在古代文明时期,个人的社会地位通常由出身决定。最有权势的家族中的长子,通常长大后就能当上国王。他们命人为自己建造精美的宫殿,通过艺术和诗歌颂扬自己的功绩。起初,国王往往也兼任宗教领袖和军事领袖。后来,宗教领袖的角色由祭司专门担任。

古中国

公元前 1600 年,商朝建立。历代商王都有满朝大臣帮助他们治理国家、征收税赋。公元前 1046 年,周朝建立。周王提出了"天命"的观念,认为有德之君是上天授命统治万民的,而失德之君的统治是可以被推翻的。

据说法老是由众神选来治理国家的,因此,法老就是人形的神。上图为图坦卡蒙法老的面具。

古埃及

古埃及的国王被称为法老。法老独揽行政、军事和法律的大权。其下,则有数以千计的官吏帮助法老治理国家,其中,最重要的官吏叫作"维西尔",即宰相。古埃及 42 个州的州长都要服从他的命令。

汤是商朝的第一任君主。

那尔迈成为古埃及的第一位法老　约公元前 3100 年

阿卡德王萨尔贡一世建立了美索不达米亚历史上第一个大帝国　约公元前 2371 年

公元前 4500 年　公元前 4000 年　公元前 3500 年　公元前 3000 年

古印度

公元前1700年左右，印度河流域的文明没落了。大约200年后，一支来自中亚的游牧部落开始在印度河流域和恒河流域定居，他们自称雅利安人，意为"高贵的人"。到公元前900年，雅利安人在印度婆罗门（祭司）的帮助下，建立起许多由罗阇（国王）统治的王国。

在雅利安人的统治下，社会被划分为几个不同的世袭种姓，最高的种姓是婆罗门和刹帝利（贵族）。

美索不达米亚

在古代，美索不达米亚平原经常洪水泛滥，冲毁收成。美索不达米亚历代国王的主要职责就是保证足够的粮食储备，并在洪灾期间赈济灾民。国王也是立法者，对于不服从国王的人，他们有权施以严厉的惩罚。同时，为了避免自然灾害，美索不达米亚的历代国王会定期祭祀神灵，祈求神灵的庇佑。

美索不达米亚的国王们修建庙宇，供奉神灵。

公元前1813年 沙姆希·阿达德统治下的亚述王国开始称霸美索不达米亚

约公元前1792年 汉谟拉比继位，他统治下的古巴比伦王国逐渐走向强大

约公元前1379年 阿蒙霍特普四世即位，将埃及从多神崇拜改革为一神崇拜，即只崇拜"阿顿神"（太阳神），他的名字也改为埃赫那顿

公元前1046年 残暴的商纣王被周武王推翻，周朝建立

食品与农业

在古代,大多数人都从事农业。为了有好收成,人们必须学会开凿人工渠道来灌溉土地,这种工程叫作水利工程,有了它,即使在旱季,作物也能生长。当时,最主要的农作物包括小麦、大麦、小米、燕麦和水稻等谷物,以及水果和蔬菜。

在古埃及,农民用燧石刀片和木柄做成的镰刀收割成熟的玉米。

美索不达米亚平原上的灌溉水渠将水输送到沙漠地区,使得更多作物得以存活。

美索不达米亚

很不巧,美索不达米亚平原上的河流常常在农作物的长成期泛滥,所以必须把洪水引导到其他地方并储存起来以备后用。这里最主要的农作物是大麦和椰枣。美索不达米亚平原上的农民也种洋葱和黄瓜、无花果等。

古埃及

在尼罗河流域肥沃的土地上,种植着许多农作物,既有做面包和酿啤酒用的小麦,也有像韭菜、洋葱、大蒜、豆类以及莴苣这样的蔬菜。埃及人以小圆蛋糕或甜瓜和无花果这样的水果为甜食,他们喜欢在食物中加入蜂蜜和椰枣来增加甜味。人们食用的肉类主要来自家禽、家畜和野味,牛肉普遍比较昂贵。

约公元前 8000 年	墨西哥最早开始培植南瓜	埃及开始用牛拉犁	约公元前 3000 年
约公元前 7000 年	美索不达米亚平原开始培植大麦和小麦		
约公元前 7000 年—公元前 5000 年	中国开始培植小米和水稻	埃及农民开始种植葡萄来酿酒	约公元前 3000 年

> 奥尔梅克人耕种的土地十分肥沃，一年能种两季庄稼。

中美洲

公元前 1200 年至公元前 400 年，是墨西哥奥尔梅克文明的繁盛时期。奥尔梅克人所在的土地上经常发生洪水，因而土壤肥沃。在这里，他们种植玉米、豆类、辣椒、西红柿和南瓜，养狗养鸡以获取肉类，此外，他们还会猎取鹿、野猪、海龟和鳄鱼作为食物。

古中国

早在公元前 5000 年，中国就开始培植小米和水稻。水稻必须种在水田里，这种田地被称为稻田。中国的农民会把山坡开垦成一层一层的梯田来增加耕地面积。

> 世界上最早的人工栽培水稻出现在中国。在古汉语中，用来指称谷物种植和收割的"稼穑"一词，也用来泛指一切农业劳动。

约公元前 1600 年　中国商朝时开始使用大型灌溉排水系统

建筑

随着文明的发展，城镇和城市出现了。人们需要的建筑是多种多样的：房屋、作坊、仓房、寺庙和宫殿。在炎热的国家，人们用晒干的泥砖作为建筑材料。在寒冷一些的地方，人们则多用黏土、泥浆、柳条、木头和石头作为建筑材料。

建造金字塔动用了成千上万的工匠，其中许多是奴隶和囚犯。

恰塔霍裕克的房屋建造得十分密集，能够容纳数千人居住。

恰塔霍裕克村

恰塔霍裕克位于今天土耳其境内的安纳托利亚中部，其繁盛时期在公元前 6500 年到公元前 5500 年之间。这里的建筑构造很不寻常。这里没有街道，房子彼此相连，就像蜂窝里的蜂巢。人们进入自己的家要从平坦的屋顶上顺着梯子往下爬。

古埃及

古埃及人用石头建造巨大的金字塔，作为法老的陵墓。第一座金字塔是阶梯式的，后来的金字塔的各个侧面则是平滑的。最大的金字塔是"大金字塔"，是花了 20 年的时间、用 230 万块巨石建造而成的。工人们利用滚轴运输巨大的石块，而且有可能使用了木制杠杆，将石块提升到一定高度。

约公元前 8000 年	杰里科建于巴勒斯坦，这是人类已知最早的定居点之一
伊姆霍特普建造了第一座埃及金字塔，他是西方现知最早的建筑师	公元前 2778 年—公元前 2723 年
古埃及修建吉萨金字塔群，其中包括"大金字塔"	公元前 27 世纪—公元前 26 世纪

斯卡拉布雷

斯卡拉布雷位于苏格兰北部沿海的奥克尼群岛上,大约存在于公元前 3000 年至公元前 2500 年之间。岛上没有木头,因此,所有东西甚至家具,都是用石头做的。海岛上的强风让人们不得不深挖地基,然后再在地面上建起房屋,遮风挡雨。房屋之间建有低矮且带有上盖的通道,每座房子都有一条排水渠,通向公共下水道。

在斯卡拉布雷,每间住宅内都有一个正方形的大房间,房间中心有一个石头围成的地灶。

印度河流域的城市里不仅有造船厂、粮仓、仓库,还有公共浴室。

印度河流域

摩亨佐·达罗和哈拉巴是坐落在印度河流域上的两座城市,城里的房子一般都有下水道、水井和浴室,大一些的房子可能有两层楼那么高,几个房子围绕着一个开阔的庭院。城市外围则有高大的围墙,起着防御作用。

约公元前 2125 年　在美索不达米亚平原,乌尔城修建了乌尔南姆塔庙

约公元前 1700 年　克里特岛的米诺斯王宫建成

约公元前 16 世纪—公元前 11 世纪　古埃及最大的神庙卡纳克神庙建成

约公元前 900 年　奥尔梅克人在中美洲建造了第一座金字塔

战争与冲突

在古代文明早期，军队使用的武器与史前时期人类在冲突中使用的武器相同，即投石器、弓箭、木矛和棍棒。棍棒上通常绑着石块，以增加重量并使武器更具威力。从公元前 3500 年起，军队开始使用金属武器。后来，战车以及骑兵陆续加入，提高了军队的进攻速度。

美索不达米亚

约公元前 2300 年，阿卡德王国在国王萨尔贡一世的统治下，征服了美索不达米亚平原上的诸城邦。萨尔贡一世创建了常备军，这是世界上最早的常备军之一。亚述军队的关键武器是战车。作为可移动的指挥平台或作战平台，战车可用于战场通信和冲破敌军编队。

亚述军队使用的双轮马拉战车。公元前 2000 年起，战车的车轮有了轮辐，战车变得更轻更快。

古埃及

古埃及的步兵使用长矛和盾牌，与弓箭手配合作战。从公元前 1600 年开始，古埃及开始使用新的军事装备，包括马拉战车、镰刀剑和铸铜盔甲。与此同时，职业士兵出现了，取代了由农民兼职的士兵。

古埃及士兵使用一种名为"镰刀剑"的武器，呈弯钩形，由青铜打造。

埃及墓葬浮雕最先描绘了围城战　约公元前 3000 年

苏美尔人开始使用马拉战车　约公元前 26 世纪

商朝士兵的武器包括矛、钺、戈及弓箭。

古中国

商朝步兵在作战时戴青铜或皮革制的头盔，并配备有石器和青铜武器。商王在京城拥有一支戍卫军队，有时候会亲自率兵出征。商朝时，中国就已经开始使用战车，车战是主要的作战形式。

古印度

各雅利安王国之间经常发生战争。他们使用青铜武器和有轮辐的马拉战车，有时也会使用大象作战。战士都属于刹帝利贵族阶层，而国王有时会亲自率兵出征。

印度史诗《摩诃婆罗多》中描述的库鲁歇特之战。

公元前 24 世纪—公元前 22 世纪	克里特岛的米诺斯人开始使用铜匕首	公元前 14 世纪　在武器铸造中，铁开始逐渐取代青铜
公元前 21 世纪—公元前 17 世纪	克里特岛的米诺斯人开始使用青铜剑	公元前 1210 年　赫梯人打败塞浦路斯舰队，这是有记录的现知最早的海战
	亚述人最早开始有效地运用骑兵　约公元前 1000 年	公元前 9 世纪　关于骑兵最早的记录出现在中亚地区

公元前 2000 年　　　公元前 1500 年　　　公元前 1000 年　　　公元前 500 年

科学与技术

在古代，人们研究世界运转的规律是为了更好地生活。他们对天象的观察，加上对数学的理解，帮助他们创制了最早的历法。通过试验不同的材料，他们制造出了更好的工具、武器和建筑。他们发明了杠杆、车轮和滑轮等机械设备，用来提起和运输重物。

美索不达米亚人是天文学家，他们能精确地预测月食，以及行星和恒星的运动轨迹。

美索不达米亚

大约在公元前 3500 年，美索不达米亚人发明了轮子，起初用于制造陶器，后来用到了战车上。他们掌握了丰富的几何和数学知识，使用六十进制的计数系统，还能进行复杂的乘除运算。

在印度河流域，人们使用黏土制作炊具、陶器和雕像。

印度河流域

大约公元前 2000 年，印度河流域的人们发明了贝壳纽扣。当时的贝壳纽扣被用作装饰物，而不是固定衣物的扣子。古印度人有非常精确的测量装置，其中包括砝码和尺子。他们用燧石、黄铜和青铜制作工具，这些工具包括鱼钩、针、剃刀、斧头、锤子和锯子。

美索不达米亚人发明了轮子 **约公元前 3500 年**

古埃及人用纸莎草制作出最早的纸 **约公元前 2900 年**

古埃及人利用灌溉水渠浇灌土地 **公元前 3100 年**

古埃及出现了象形数字，意味着数字计算的开始 **约公元前 3400 年**

西亚人最早发明了玻璃串珠和玻璃印章 **约公元前 3000 年**

公元前 4500 年 | 公元前 4000 年 | 公元前 3500 年 | 公元前 3000 年

考虑到古埃及人从未发明过滑轮，所以他们也不可能用滑轮将沉重的石块抬升到高处。

古埃及

古埃及人使用楔子、杠杆和斜面等装置来建造金字塔。他们发明了一种纸——纸莎草纸，建造了帆船和灯塔，还发现了一套制作木乃伊和尸体防腐的复杂方法。在医学上，他们清楚很多内脏器官的功能，并能识别多种疾病。他们会切开脓肿，进行放脓治疗，并且能够接好断骨。

商朝人用青铜制造精美的工具和武器。

古中国

商朝人观察了太阳、月亮和群星的运动轨迹，并根据太阳和月亮的运动周期，制定历法。在商朝的历法中，一年有 365 天。他们也精通数学，拥有一套十进制的计数系统，并且已经有了奇数和偶数的概念。

古印度人利用桔槔从河流或湖泊中汲水　公元前 1400 年

❋ 交 通 ❋

最早的交通方式当然是步行。当人们学会驯养动物，比如驴、马、牛和骆驼时，人们就开始借助畜力出行或运输。随着轮子的发明，畜力车出现了。小路拓宽成大道，使长途贸易和通信得以实现。最早的船是用藤条把原木绑在一起做成的木筏，或是把树干中心部分挖空做成的独木舟。

古代中国的牛车。

拉皮塔人乘坐的带帆的双体船，其实就是用简单的横木将两个独木舟连在一起。

东南亚

拉皮塔人乘船跨越了辽阔的太平洋。大约在公元前 1500 年，他们乘坐独木舟从故乡东南亚出发。他们靠划动船桨或者挂起小帆来驱动船只，靠太阳、群星、洋流和浪潮为他们指导方向。到公元前 1000 年，他们已经迁移到了太平洋的许多岛屿上，其中包括斐济、汤加和萨摩亚。

古中国

据记载，中国在夏朝时就已经出现了战车，大约在那个时候，中国已经存在轮式运输，并且开始给马和牛系上挽具，来拉动载满农作物的两轮车。商朝的许多城市都依河而建，因此，船和木筏也是重要的交通工具。

公元前 6300 年 — 荷兰出现现知最早的独木舟，是把树干中心部分挖空制成的

欧亚草原上的人们驯化了马和驴 — 约公元前 3500 年

美索不达米亚人把芦苇捆扎在一起，建造平底船 — 公元前 3000 年

索马里和南亚的人们驯化了骆驼 — 约公元前 3000 年

在亚洲和古埃及，人们建造了方形帆船 — 公元前 3100 年

> 腓尼基人的战舰有两排桨，作战速度快，操作灵敏。

腓尼基人

腓尼基人生活在现今的黎巴嫩一带。由于精通航海，大约从公元前 1000 年开始，他们建立起众多殖民地，其中以北非的迦太基最为著名。他们建造了单桅的木制商船，以及船头或前端带有撞锤的战船。腓尼基人懂得如何利用北极星辨别方向。他们可能已经航行绕过了非洲，远至亚速尔群岛和不列颠。

古埃及

古埃及地位高的人乘坐轿子，这是一种将座位架在木杆上、由奴隶来抬的交通工具。除了马拉战车，古埃及人很少骑马，马和车最常见的用途是战争。重物，如用于修建金字塔的巨石，一般放在木橇上，由成队的人来拖；较轻一些的物品则用驴和骡子来驮。

> 在古埃及，法老有时乘坐轿子出现在游行和宗教仪式中。

文学与艺术

古人制作精美的物品很少仅仅为了供人欣赏。艺术往往是宗教或者政治的产物,要么用来供奉神明,要么用来赞颂国王的功绩、庆祝军事胜利。文学起源于人们凭借记忆口口相传的故事和歌曲,文字发明以后,这些故事和歌曲也就被记录了下来。

古埃及在修建陵墓时,先由制图人在墓穴四壁勾勒出画的轮廓,再由画师来上色。

吉尔伽美什是传说中的乌鲁克城的国王,为了追求永生与怪物搏斗。

美索不达米亚

美索不达米亚的艺术家们创造了圆柱形印章、圆雕和浮雕,展示了包括动物、神灵和国王在内的丰富场景。亚述人创造了巨大的半人半兽的守护神形象,这些守护神上半身是人,下半身是狮子或者长着双翼的走兽。古巴比伦的史诗《吉尔伽美什》被认为是现存最早的史诗。

古埃及

古埃及艺术包括壁画、石雕、陶雕、珠宝和纸莎草纸上的画作,在其3000多年的历史中,艺术风格几乎没有变化,对人物的表现是程式化而非写实性的。在墓穴壁画中,不同的颜色代表不同的含义:白色代表欢乐,红色代表血和生命,绿色代表水和新生,黑色则代表生育能力。

古埃及人开始在墓穴墙壁上绘画 约公元前 3100 年

美索不达米亚的苏美尔人开始制作珠宝和彩陶 约公元前 4000 年

约公元前 3500 年 锡釉彩陶产于古埃及

米诺斯文明

公元前 1700 年到公元前 1450 年是克里特岛米诺斯文明的繁盛时期。他们非常擅长艺术，制作了色彩斑斓的壁画、石雕和印章。米诺斯陶器上不仅绘有丰富的海洋生物、鸟类、走兽和花卉，还有抽象的线条和纹饰。他们还用金、银、青铜和半宝石制作了精美的首饰，比如镶嵌珠宝的王冠或发带、项链、手镯和串珠。

这幅米诺斯壁画展示了"斗牛"的场景，这是一种与公牛崇拜有关的仪式。在仪式中，人像表演杂技一样跳过一头公牛。

奥尔梅克文明

古代墨西哥的奥尔梅克人使用玉石、黏土、玄武岩和绿岩制作了各种各样的雕塑和雕像，其中既有被赋予了神性的美洲豹形象，又有真实得令人惊讶的人物。最为人所知的雕像，则是他们雕刻的带着头盔的巨石头像。

奥尔梅克巨石头像有的高达 3.4 米。

《死亡之书》诞生，古埃及人相信，它能帮助死者在死后的世界得到保护 — 约公元前 17 世纪

约公元前 900 年 — 奥尔梅克人建造了巨石头像

米诺斯文明的"斗牛"壁画完成 — 公元前 1700 年—公元前 1450 年

约公元前 1000 年—公元前 600 年 — 中国最早的诗歌总集《诗经》产生时期

约公元前 2000 年 — 《吉尔伽美什》定型成文

约公元前 1500 年 — 印度古代圣歌集《梨俱吠陀》编订完成

公元前 2000 年 · · · · · 公元前 1500 年 · · · · · 公元前 1000 年 · · · · · 公元前 500 年

儿童与教育

在古代，许多婴儿会在分娩过程中死去，因此生出一个健康的孩子是一件非常值得庆祝的事情。一般只有富人和特权阶层的孩子，通常是儿子，才去上学。对贫困家庭的孩子来说，童年是短暂的，他们稍稍长大一点就要帮父母干活儿。

古埃及的儿童学习的主要科目是阅读、书写和算术。

上早课时，美索不达米亚的男孩们会练习写字。

美索不达米亚

在美索不达米亚，大多数普通男孩会继承父业，或者去当学徒，学习一门技艺。女孩则留在家里，向母亲学习家务技能，帮助照看弟弟妹妹。有钱人和专业人士的儿子会去祭司开办的学校上课。在那里，他们学习阅读、写作、数学、医学、法律和占星术。

古埃及

古埃及的贫民子弟很早就学着做父母所从事的事情。例如，农民的孩子要学着播种和收割，他们很小就开始干活儿了。要想成为一名书记员，他们必须从5岁就开始接受培训，直到12岁，有时也会受到挨打和罚抄故事这样的惩罚。

中国古代的农家子弟会帮父母耕种土地。

古中国

公元前 1046 年，周朝建立。周王设立了五学，用于教育贵族子弟。男孩们被授以"六艺"：礼、乐、射、御、书、数。精通六艺的男孩才被认为是完美的君子。女孩们则被授以礼仪，学习站立和行走的正确姿势以及制丝和织布的技能。

古儒学校是精通《吠陀经》的学者在自己家中开设的学校，学生入学后通常住在古儒的家中。

古印度

公元前 6 世纪以前，古印度的教育大多都围绕着《吠陀经》这本宗教诗歌集来进行。孩子们要学习如何朗读和背诵《吠陀经》，此外，他们还要学习自然、逻辑、医学和实用性知识。由于种姓制度非常严格，只有婆罗门、刹帝利和吠舍这三个阶层才有资格接受教育，首陀罗地位最低，没有受教育权利。

公元前 2000 年	印度河流域的孩童会玩一种黏土制成的玩具车
约公元前 22 世纪	古埃及用于引导青年人的《普塔霍特普教谕》出现了
约公元前 2070 年—公元前 1600 年	夏朝时，中国出现了"序"这种学校
中国古代思想家和教育家孔子奉行"因材施教""有教无类"的教育原则	公元前 551 年—公元前 479 年

犯罪与刑罚

当古人开始形成大规模的聚落时,就需要法律来维持秩序。对违反法律者施以惩罚通常有两个目的:一是对其造成的损害进行报复,二是阻吓他人实施类似的犯罪。早期社会经常把他们的法律汇编成册,形成法典。

古巴比伦的国王汉谟拉比将他制定的282条法律刻在石柱上和泥版文书上。

摩西和他的律法石碑《摩西十诫》。

古巴比伦

古巴比伦的国王汉谟拉比制定的法典秉持"同态复仇"原则,即以命抵命。因此,谋杀是要被处死的,包括抢劫、盗窃寺庙财物、私藏逃奴在内的其他罪行也是一样。那些被判有罪的人可能会被淹死、烧死、钉死或绞死。

古希伯来

摩西是古希伯来的先知和立法者,生活在公元前1300年左右。他立下的法典,叫作"摩西律法",收录在《圣经·旧约》中,共有613条诫命。其中有些诫命十分残酷,例如,凡是供奉别的神的,都要被杀死。"摩西律法"延续了古巴比伦的"同态复仇"原则,即以眼还眼,以牙还牙。

赫梯

在公元前 1595 年灭掉古巴伦王国的赫梯王国拥有不同的刑罚观念：不是"同态复仇"，而是要求赔偿，以弥补犯下的过错。因此，激愤杀人的代价是赔偿给受害者家庭四名奴隶；弄断别人一只胳膊或者一条腿，代价是赔偿 20 玻鲁舍客勒银子。

赫梯通过勒令罪犯向平民受害者支付罚金来惩罚罪犯。肉刑，比如砍去四肢，则是冒犯国王的人才会受到的刑罚。

古埃及

古埃及的法律由法老制定，刑罚则由维西尔执行。密谋反叛法老者要接受"刺穿刑"，这是一种非常缓慢而痛苦的死法。盗墓者将被斩首或淹死；破坏寺庙者将被活活烧死；至于轻微犯罪者，如犯偷窃、逃税或非法交易等罪的人，则会被处以杖打、断肢和监禁等刑罚。

在古埃及，犯了轻罪的罪犯通常被施以杖刑。

约公元前 2100 年	美索不达米亚的《乌尔纳姆法典》颁布，这是现存最古老的法典
	古希腊的立法者德拉古颁布了一部法典，史称《德拉古法典》，几乎对所有的犯罪行为都处以死刑
约公元前 621 年	
《赫梯法典》颁布	约公元前 15 世纪—公元前 13 世纪
	约公元前 15 世纪—公元前 11 世纪 《中期亚述法典》颁布，与《汉谟拉比法典》类似，但刑罚更严酷
约公元前 18 世纪	汉谟拉比国王颁布了《汉谟拉比法典》
	约公元前 1300 年 "摩西律法"诞生

休闲与娱乐

早在有文字记录之前,所有文明便已有了自己的运动和娱乐方式。在古代文明的废墟中,考古学家发现了乐器、玩具和游戏。有些壁画展示了摔跤和其他格斗运动的场景,人们进行这样的比赛可能是为了提高他们的战斗和生存技能。

对美索不达米亚的统治者来说,一次成功的猎狮活动是得到神灵青睐的标志。

古埃及最受欢迎的棋盘游戏是塞尼特棋,类似于现代的西洋双陆棋。

美索不达米亚

美索不达米亚的国王们闲暇时以猎杀狮子等猛兽为乐。在宗教节日期间,人们会举办宴会。在宴会上,乐师、杂技演员和耍蛇人尽情地为宾客们助兴,人们吟诵赞颂诸神和著名战役的诗篇,玩起了筹码、骰子和棋盘游戏,当时最受欢迎的棋盘游戏是乌尔王族局戏。孩子们则玩回旋镖、弹弓、陀螺和拨浪鼓。

古埃及

古埃及人沉迷于各种运动,其中包括摔跤、拳击、短棍格斗、射箭、狩猎和战车竞速。渔民们在水上比武,用长篙把其他船只推开。一些古墓绘画展示了孩子们蛙跳、拔河、赛跑的场景。古埃及人也喜欢音乐,他们的乐器有长笛、七弦琴、竖琴和鼓等。

印度河流域定期举行体育比赛 公元前 2500 年

一个像这样的手推车黏土模型可能曾经是印度河流域某个孩子的玩具。

古印度

印度河流域的人们定期举行体育比赛，而比赛中有时会用到武器，比如标枪和铁饼。孩子们玩玩具车、小鸟形状的口哨，还有可以从绳子上滑下来的玩具猴。雅利安人会进行战车竞速比赛，玩格斗游戏。此外，他们也爱讲故事。

相传黄帝发明了蹴鞠，这可能是世界上最古老的足球运动。

古中国

音乐在中国古代社会非常重要。中国古代的乐器包括铜钹、鼓、锣和编钟。乐师们还会用埙，一种蛋形的陶制吹奏乐器，进行演奏。戏剧表演中既有音乐，也有小丑戏和杂技。孩子们玩着一种叫"大陀螺"的玩具，那是一种五颜六色的陀螺，用鞭子抽打它，会让它不停地转动。

约公元前 2000 年　古埃及墓葬里的绘画展示了人们玩手球的场景

约公元前 1700 年—公元前 1450 年　米诺斯人流行"斗牛"运动

第一届古代奥林匹克运动会在古希腊举行　公元前 776 年

古埃及士兵和外国士兵之间进行了一场摔跤比赛，这是现知最早的体育赛事　公元前 1160 年

宗教

宗教可能是在人类寻找生命意义的过程中诞生的。早期人类崇拜自然力量，可能是希望太阳能够永远再次升起，好让他们的庄稼能够继续生长。到公元前4000年，世界是由超自然事物控制的这种思想已经根深蒂固。有权有势的国王和祭司声称他们的权力是神赋予的。这就诞生了第一个有组织的宗教。

古埃及

古埃及人崇拜的神灵众多，可能多达2000个，其中许多神是地域神，即只有一个城镇、一个村庄甚至一个家族所崇拜的神。也有一些每个古埃及人都崇拜的主神，建造庙宇就是为了供奉他们。

古埃及的主神包括（从左到右）奥西里斯、拉、伊西斯、荷鲁斯、托特和阿努比斯。

古代不列颠

古代不列颠人建造了数百个环形石阵，这在他们的宗教生活中具有重要作用。其中，最著名的是威尔特郡的巨石阵，建于公元前3000年至公元前1500年之间。古代不列颠人相信太阳和月亮对他们的生活有特殊的影响力。他们很可能在夏至（一年中白天最长的一天）和冬至（一年中白天最短的一天）在巨石阵举行宗教仪式。

巨石阵作为宗教仪式的中心可能已经持续使用了大约2000年。

地中海和美索不达米亚的人们都崇拜母神　约公元前 3500 年

> 雅利安人最重要的神是因陀罗，他是雷电和战争之神。

古印度

雅利安人崇拜许多神，他们相信这些神能给他们带来美好的东西，比如，战争的胜利、健康、财富和英勇的子孙。在这些神中，比较重要的神有雷电和战争之神因陀罗、火神阿耆尼、昼神密多罗和河海之神伐楼拿。为了赢得神的青睐，婆罗门教会背诵他们的宗教诗歌集《吠陀经》。

古希伯来

古希伯来人，也就是后来的犹太人，在公元前11世纪于今巴勒斯坦南部建立了统一的以色列王国，虽然他们的军事力量并不强大，但他们只信仰一个上帝，这种信仰对历史产生了深远的影响。古希伯来人的早期历史充满苦难：他们曾相继被古埃及人、亚述人和古巴比伦人奴役或征服，但他们始终坚持自己的信仰。

> 据《圣经》记载，摩西将红海一分为二，带领希伯来人走出埃及，摆脱奴隶身份，获得自由。

- **约公元前 2400 年** 古埃及编成《金字塔文本》，这是现存最古老的宗教文本
- **约公元前 1300 年** 摩西《出埃及记》的大致时期
- **约公元前 1500 年** 阿蒙-拉神成为古埃及的主神
- **约公元前 1700 年** 雅利安宗教诗歌集《吠陀经》开始编写

死亡与丧葬

即使早期人类，也举行死亡仪式。迄今为止，人类发现的最古老的坟墓是在中国，可以追溯到 40 万年前。10 多万年前生活在欧亚大陆上的尼安德特人把死者的尸体埋在生前居住的山洞里，随葬的还有珍贵的财物和食物，这表明尼安德特人相信人死后生活还会继续。

蝎子人守卫着美索不达米亚的冥界。蝎子人上半身是人，下半身有一个蝎子尾巴。

在古埃及，一具经过防腐处理的尸体会用绷带包裹起来做成木乃伊。

美索不达米亚

美索不达米亚人相信，每个人，无论好坏，终将面对同样悲惨的命运：每个死去的人都将前往阴森的冥界或"不归之地"，在那里继续生活。冥界在一座大山里面，死者食尘土，披羽翼而非衣服。美索不达米亚的国王们死后埋在巨大的地下墓穴里，身边环绕着他们的财物，而他们的仆从也会被杀死，给他们陪葬。

古埃及

古埃及人对来世的看法更为乐观。他们相信好人将永远生活在奥西里斯的国度，那里就像一个完美版的埃及。防腐人员会给尸体做防腐处理，移除内脏，然后对尸体进行脱水处理，最后把死者和他们最宝贵的财产一起放进石棺，密封在坟墓里。

公元前 27000 年	"威尔士红女士"墓，欧洲迄今为止发现的最早的坟墓
约公元前 4000 年	在中国的半坡村，村民们一人一墓，并有财物和工具随葬
公元前 4500 年	美索不达米亚的苏美尔人将死者埋葬，随葬食物和工具

古中国

商朝人认为死者的灵魂生活在阴间,即地底下的某个地方,而坟墓是他们在阴间的住所。王室拥有庞大而精致的陵墓,里面堆满宝藏,还有陪葬的仆从和献祭的囚犯。

商朝人祭祀他们的先祖,认为这样先祖就能继续参与人间的事务。

古印度

雅利安人把死者火化,他们相信火神阿耆尼会把死者的灵魂送往天堂。后来,婆罗门开始接受轮回的观念,他们声称,逃脱无休止的死生循环的唯一方法是克服无知和欲望,并最终达到"莫克夏"即解脱的境界。

雅利安人相信火葬能阻止死者的灵魂滞留在活人中间。

公元前 2000 年　死后埋葬在坟墓里逐渐成为苏格兰人的常态,有时他们还会将死者装在木棺里

约公元前 17 世纪　古埃及的《死亡之书》诞生,这是一本帮助死者在死后的世界渡过难关的咒语集

公元前 1900 年　神圣的印度教典籍《奥义书》涉及了转世重生的内容

术语索引

塔庙 ·········· 4
古代美索不达米亚建造的一种矩形的阶梯状高塔。

冲积 ·········· 4
高地的沙砾、泥土被水流冲到河谷低洼地区沉积下来。

楔形文字 ·········· 5
公元前 3000 多年美索不达米亚南部苏美尔人创造的文字，笔画像楔子，古代巴比伦人、亚述人、波斯人等都曾使用这种文字。

世袭 ·········· 7
一种将头衔或权力从父母传到孩子的传承机制。

种姓 ·········· 7
某些国家的一种世袭的社会等级，以印度最为典型。不同种姓之间通常不能通婚，也不能交往。

祭祀 ·········· 7
献上贡品向神佛或祖先行礼，以表示崇敬并祈求保佑。

燧石 ·········· 8
岩石，主要成分是二氧化硅，黄褐色或灰黑色，断口呈贝壳状，坚硬致密，古代用来取火或做箭头、刀片。

投石器 ·········· 12
一种使用皮带或绳索的简易武器，用于投掷石头或其他小型投射物。

常备军 ·········· 12
由全职、专业的士兵组成的常设军队。

浮雕 ·········· 12
雕塑的一种，在平面上雕出凸起的形象。

马拉战车 ·········· 12
马拉的两轮车，古代用于竞速和打仗。

钺 ·········· 13
一种古代的兵器，由青铜或铁制成，形状像板斧而较大。

史诗 ·········· 13
叙述英雄传说或重大历史事件的叙事长诗。

《摩诃婆罗多》 ·········· 13
意为"伟大的婆罗多"，是古代印度最伟大的两部史诗之一，另一部是《罗摩衍那》。《摩诃婆罗多》全诗约 20 万行，主要讲述了印度两个家族从战争到和解的全过程，还有许多插话、传奇和哲学思想的叙述穿插其中。

历法 ·········· 14
用年、月、日计算时间的方法。主要分为阳历、阴历和阴阳历三类。具体的历法还包括纪年的方法。

滑轮 ·········· 14
带凹槽的轮子，用绳索绕过，用以提升重物。

月食 ·········· 14
地球运行到月球和太阳中间时，太阳光正好被地球挡住，不能射到月球上去，月球上就会出现黑影，这种现象叫月食。

陶器······················14
一种用黏土制坯，加热硬化成形的容器。

纸莎草纸··················15
纸莎草是一种水生植物，古埃及人将其加工成一种书写材料，用于写作或绘画。

防腐······················15
用药物等对尸体进行某种处理或保存以阻止其腐烂。

桔槔······················15
一种汲水工具。在井旁或水边的树上或架子上挂一杠杆，一端系水桶，一端坠大石块，一起一落，汲水可以省力。

殖民地····················17
一个国家在国外侵占并大批移民居住的地区。

《吉尔伽美什》············18
古巴伦史诗，也是迄今所知人类历史上最早的一部完整的史诗。大概形成于公元前 2000 年，全诗共 3000 余行，用楔形文字记录在 12 块泥版上，主要讲述了乌鲁克城的国王吉尔伽美什传奇的一生。

程式化····················18
以夸张的或非现实的方式对人物和事件进行描绘的手法。

抽象······················19
一种艺术表现形式，不直接表现现实，而是通过抽取事物的形状、颜色和纹理的形式来表达。

《诗经》··················19
又称《诗三百》，是中国古代第一部诗歌总集，收集了从西周初期到春秋中期大约 500 年间的诗歌，共 305 篇，其中大部分是民歌，比较全面地表现了当时的社会生活。《诗经》是中国诗歌的源头，其蕴含的赋比兴的表现手法也是后世诗歌艺术表现的基本法则。

占星术····················20
一种研究太阳、月亮和其他星球的位置及运动轨迹并相信其能影响人类事务的学问。

同态复仇··················22
一种报复行为，伤害某人是因为他们对自己造成了伤害。

《汉谟拉比法典》··········23
古巴比伦国王汉谟拉比在位期间（公元前 1795 年—公元前 1750 年）颁布的一套法典，也是古代第一部比较完整的法典。该法典正文包括 282 条法律，内容涉及诉讼程序、盗窃、雇佣、婚姻、奴隶等方面，还有相应的惩罚措施，总体上遵循"以牙还牙"的同态复仇原则。

七弦琴····················24
一种弦乐器，小型的 U 形竖琴，多在古希腊使用。

火葬······················29
通过将其燃烧成灰烬的方式来处置死者的尸体，通常在葬礼之后进行。